Inhalt

Mezzanine - Möglichkeiten einer Bilanzstrukturverbesserung?

Kernthesen

Beitrag

Fallbeispiele

Weiterführende Literatur

Impressum

Mezzanine - Möglichkeiten einer Bilanzstrukturverbesseri

A. Kaindl

Kernthesen

- Insbesondere eigenkapitalschwache Unternehmen denken immer häufiger über die Aufnahme von Mezzanine-Kapital nach.
- Mezzanines Kapital ermöglicht die Aufnahme von wirtschaftlichem oder bilanziellem Eigenkapital, ohne Einschränkung der unternehmerischen Freiheiten.
- Damit kann das Haftungskapital erhöht und die fremdkapitallastige Bilanzstruktur optimiert werden.

Beitrag

Die Diskussion über die Eigenkapitalschwäche des deutschen Mittelstandes wird zunehmend lauter geführt. Herausforderungen wie bspw. die Öffnung der mittel- und osteuropäischen Märkte fordern und überfordern häufig die Eigenkapitalbasis deutscher mittelständischer Unternehmen. Viele Mittelständler haben erkannt, dass die Herausforderungen der Gegenwart und Zukunft nicht alleine mit Fremdkapital zu lösen sind. (5)

Eigenschaften von Mezzanine-Kapital

Die Eigenkapitalquote bei deutschen mittelständischen Kapitalgesellschaften liegt bei 16 Prozent. Dagegen liegt die Eigenkapitalquote mittelständischer Kapitalgesellschaften im Euro-Raum-Durchschnitt etwa bei 35 Prozent und in den USA sogar bei 45 Prozent. Angesichts dieser Situation erhält Mezzanine-Kapital für mittelständische Unternehmen eine zunehmend große Bedeutung. Mezzanines Kapital ermöglicht mittelständischen Unternehmen wirtschaftliches oder bilanzielles Eigenkapital aufzunehmen, dabei bleiben die bisherigen Stimmrechtsverhältnisse und Gesellschafterrechte nahezu unberührt. (1), (6)

Der Begriff "Mezzanine" ist ursprünglich der Architektur entnommen und bezeichnet das Zwischengeschoss zwischen zwei Hauptstockwerken. In der Wirtschaft wird Mezzanine als Sammelbegriff für hybride Finanzierungsinstrumente verwendet, die zwischen dem reinen Eigenkapital und dem reinen Fremdkapital einzuordnen sind. Zu den mezzaninen Finanzierungen zählen hauptsächlich stille Beteiligungen, Nachrangdarlehen sowie Genussrechte. (1)

Es ist schwer, grundsätzlich kennzeichnende Eigenschaften mezzaninen Kapitals zu identifizieren, weil die jeweiligen Instrumente extrem unterschiedlich gestaltet sind. Folgende Merkmale weist jedes mezzanine Finanzinstrument auf: die Kombination von Eigen- und Fremdkapitalelementen, die Stellung von Sicherheiten ist nicht erforderlich und eine hohe Variabilität bei der Ausgestaltung des Instruments. (1)

Kriterien für die Zuordnung des Mezzanine-Kapitals zum

bilanziellen Eigenkapital

Da mezzanine Finanzierungen eine Kombination von Eigen- und Fremdkapital sind, erzwingt das deutsche Recht bei der Bilanzierung zunächst die Klassifizierung des Mezzanine-Kapitals als Eigen- oder Fremdkapital. Damit nach den Rechnungslegungsvorschriften des HGB der Ausweis als bilanzielles Eigenkapital möglich ist, müssen folgende Voraussetzungen erfüllt sein: (1), (2), (5)

Nachrangigkeit der Forderung: Nachrangigkeit von überlassenem Kapital ist dann gegeben, wenn im Insolvenz- oder Liquidationsfall der Rückzahlungsanspruch erst nach Befriedigung aller anderen Gläubiger geltend gemacht werden kann. Davon ist bei Mezzanine-Kapital, von einigen Ausnahmefällen abgesehen, auszugehen.

Erfolgsabhängigkeit der Vergütung: Erfolgsabhängigkeit liegt vor, wenn sich die Vergütung für das Mezzanine-Kapital am Erfolg des Unternehmens ausrichtet. Dies schließt ein, dass mezzanines Kapital über die gesamte Finanzierungslaufzeit in voller Höhe an den aufgelaufenen Verlusten teilnimmt. Eine Beteiligung am Verlust ist bei den meisten Mezzanine-Formen jedoch ausgeschlossen.

Längerfristigkeit der Kapitalüberlassung: Von langfristiger Kapitalüberlassung in dem Sinne, dass daraus eine Einordnung als bilanzielles Eigenkapital folgt, wird bei Laufzeiten ab 15 Jahren ausgegangen. Mezzanine-Kapital steht den Unternehmen üblicherweise zwischen fünf und 15 Jahren zur Verfügung, also nicht lang genug, um als bilanzielles Eigenkapital gelten zu können.

Die Einordnung von Mezzanine-Kapital anhand vorgenannter Kriterien führt zu der Konsequenz, dass es handels- und steuerrechtlich häufig als Fremdkapital unter den sonstigen Verbindlichkeiten bilanziert werden muss. In der Praxis kann ein und dasselbe Instrument durchaus unterschiedlich klassifiziert werden, weil Bilanzierungsregeln je nach gewähltem Rechtsrahmen differieren können. Beispielsweise kommt eine Bilanzierung der Mezzanine-Finanzierung als Eigenkapital im Fall der Anwendung der IFRS nur dann in Frage, wenn die Laufzeit der Finanzierung nicht beschränkt ist.

Ausweis von Mezzanine-Produkten in der Bilanz

Forderungen aus dem Mittelstand, für Mezzanine-Produkte einen Zwischenposten in der Bilanz zu schaffen, wurde vom Institut der Wirtschaftsprüfer (IDW) abgelehnt. Dieses will an der scharfen Trennung zwischen Eigen- und Fremdkapital festhalten. Die in der Bilanzierungspraxis vorgekommenen Einzelfälle eines Zwischenausweises von Mezzanine-Kapital, darf es nach Ansicht des IDW nicht geben. (2)

Qualifizierung von Mezzanine-Kapital als wirtschaftliches Eigenkapital

Im Rahmen von internen Ratingverfahren bei Kreditinstituten kann mezzanines Kapital, das bilanziell als Fremdkapital zu behandeln ist, zumindest partiell als so genanntes "wirtschaftliches Eigenkapital" eingestuft werden. Ausschlaggebend kann hier zum Beispiel sein, dass eine lange Laufzeit vereinbart ist, auf Kündigungsrechte seitens des Kapitalgebers verzichtet wird oder die Aussetzung der Zinsen in Unternehmenskrisen vorgesehen ist. Die Qualifizierung als wirtschaftliches Eigenkapital kann zur Verbesserung der Finanzierungsbedingungen in Form von günstigeren Konditionen und erweitertem Spielraum bei der Aufnahme weiteren Fremdkapitals beitragen. Es existieren keine einheitlichen Regeln, wann Mezzanine-Kapital als wirtschaftliches Eigenkapital gilt. Experten sprechen sich dafür aus, dass bei Einhaltung bestimmter noch zu definierender Standards sichergestellt ist, dass ein mezzanines Produkt bei jeder Bank als wirtschaftliches Eigenkapital anerkannt wird. (1), (3), (4)

Positive Effekte aus der Aufnahme von mezzaninem Kapital

Mezzanines Kapital ermöglicht die Aufnahme von wirtschaftlichem oder bilanziellem Eigenkapital, ohne unternehmerische Freiheiten einzuschränken. (1)

Mezzanines Kapital bietet die Möglichkeit die Bilanzstruktur zu verbessern. (1), (3)

Mezzanines Kapital kann sich in seiner Eigenschaft als wirtschaftliches Eigenkapital günstig auf die Unternehmensfinanzierung auswirken. (1)

Fallbeispiele

Der europäische Mezzanine-Markt wird von Großbritannien dominiert. Kontinentaleuropa konnte jedoch in den letzten Jahren seinen Anteil am Transaktionsvolumen mezzaniner Finanzierungen deutlich ausbauen. Er lag 2002 und 2003 bei etwa 50 bis 60 Prozent. Wichtigste europäische Mezzanine-Märkte neben Großbritannien sind Frankreich und Deutschland. Der Anteil Deutschlands am gesamteuropäischen Mezzanine-Markt ist in den letzten Jahren sehr stark gewachsen. Im Zeitraum von 1995 bis 2002 betrug er durchschnittlich 15 Prozent. 2003 lag er bereits bei rund 25 Prozent. (1)

Viele Unternehmer sind sich ihrer dünnen Eigenkapitaldecke bewusst. Dies zeigt eine Umfrage der Arbeitsgemeinschaft selbständiger Unternehmer vom August 2004, bei der die befragten Unternehmer die Wichtigkeit der Eigenkapitalbildung einordnen sollten. Eine Stärkung der Eigenkapitalbasis war für 53 Prozent der Unternehmer sehr wichtig und für 32 Prozent wichtig. (5)

Die Deutsche Bank und die IKB Deutsche Industriebank haben 57 mittelständischen Unternehmen im Rahmen ihres equiNotes-Programms EUR 370,5 Millionen Kapital zur

Verfügung gestellt. Bei equiNotes handelt es sich um Mezzanine-Kapital in der Form von Genussrechten, das nach Ansicht von IKB und Deutscher Bank dem wirtschaftlichen Eigenkapital zuzurechnen ist. Bilanziell ist equiNotes in zwei Ausgestaltungen umgesetzt worden, um je nach unternehmerischem Bedarf entweder nach HGB oder nach IFRS als Eigenkapital anerkannt zu werden.

Europas größter unabhängiger Händler von Nutzfahrzeugteilen, die Europart Holding, hat bei zwei Mezzaninequellen zugegriffen. Bei West LB Equity Investments nahm Europart eine Mezzaninetranche in Höhe von 5 Millionen Euro auf. Im Nachgang zur West LB-Tranche hat sich Europart noch eine 5 Millionen Euro schwere Mezzaninefinanzierung aus dem equiNotes-Programm von IKB und Deutscher Bank gesichert. Von dem frischen Kapital erhofft sich das Unternehmen ein besseres Rating sowie verbesserte Kreditkonditionen. Außerdem ist die Bilanzstruktur ausgewogener geworden und der Anteil der kurzfristigen Verbindlichkeiten deutlich gesunken. Die Eigenkapitalquote ist um 12 Prozentpunkte gestiegen. Europart bilanziert nach HGB. Das Mezzanine-Kapital der West LB wird in einem Sonderposten unmittelbar unter dem Eigenkapital ausgewiesen. Die Zuflüsse aus equi-Notes werden als Eigenkapital bilanziert. (7)

Weiterführende Literatur

(1) Die Bedeutung von Mezzanine-Finanzierungen in Deutschland
aus Zeitschrift für das gesamte Kreditwesen 15 vom 01.08.2005 Seite 790

(2) Wirtschaftsprüfer bestehen auf scharfe Trennung
aus Financial Times Deutschland vom 26.09.2005, Seite 21

(3) Mezzanine-Euphorie erfasst den Mittelstand
aus Financial Times Deutschland vom 26.09.2005, Seite 21

(4) Verbriefung und Beteiligungsfinanzierung - die nächste Runde
aus Zeitschrift für das gesamte Kreditwesen 18 vom 07.09.2005 Seite 962

(5) Standardgenussrechte - Last oder Lösung bei Eigenkapitalschwäche? Oft ist die Kombination von weitestgehend standardisierten mit unternehmensindividuell abgestimmten Genussrechten sinnvoll
aus Börsen-Zeitung, 19.11.2005, Nummer 224, Seite B4

(6) Deutscher Mittelstand wünscht sich langfristige Partner Mezzanine-Fonds als geeignetes Finanzierungsinstrument für KMU
aus Vermögen und Steuern 11 vom 01.11.2005 Seite

028

(7) Wachstumsschub mit Mezzanine aus zwei Quellen aus FINANCE - Der Markt für Unternehmen und Finanzen Heft 11 vom 28.10.2005, Seite 041

Impressum

Mezzanine - Möglichkeiten einer Bilanzstrukturverbesserung?

Bibliografische Information der deutschen Nationalbibliothek

Die Deutsche Nationalbibliothek verzeichnet diese Publikation in der deutschen Nationalbibliografie; detaillierte bibliografische Daten sind im Internet über http://dnb.d-nb.de abrufbar.

ISBN: 978-3-7379-1334-8

© 2015 GBI-Genios Deutsche Wirtschaftsdatenbank GmbH, Freischützstraße 96, 81927 München, www.genios.de

Alle Rechte vorbehalten. Dieses Werk ist einschließlich aller seiner Teile – z.B. Texte, Tabellen und Grafiken - urheberrechtlich geschützt. Jede Verwertung außerhalb der Grenzen des Urheberrechtsgesetzes bedarf der vorherigen Zustimmung des Verlags. Dies gilt insbesondere auch für auszugsweise Nachdrucke, fotomechanische Vervielfältigungen (Fotokopie/Mikroskopie), Übersetzungen, Auswertungen durch Datenbanken oder ähnliche Einrichtungen und die Einspeicherung und Verarbeitung in elektronischen Systemen.